Zhongguo Wenhua
Zhishi Duben

中国文化知识读本

长江

主编

金开诚

编著

王忠强

吉林出版集团有限责任公司

吉林文史出版社

图书在版编目（CIP）数据

长江／王忠强编著. －－ 长春：

吉林出版集团有限责任公司：吉林文史出版社，2009.12 （2023.4重印）

（中国文化知识读本）

ISBN 978-7-5463-1290-3

Ⅰ.①长… Ⅱ.①王… Ⅲ.①长江-简介 Ⅳ.

①K928.42

中国版本图书馆CIP数据核字(2009)第223073号

长江

CHANGJIANG

主编／金开诚．编著／王忠强

项目负责／崔博华　责任编辑／曹　恒　崔博华

责任校对／梁丹丹　装帧设计／曹　恒

出版发行／吉林出版集团有限责任公司　吉林文史出版社

地址／长春市福祉大路5788号　邮编／130000

印刷／天津市天玺印务有限公司

版次／2009年12月第1版　印次／2023年4月第6次印刷

开本／660mm×915mm　1/16

印张／8　字数／30千

书号／ISBN 978-7-5463-1290-3

定价／34.80元

前 言

　　文化是一种社会现象, 是人类物质文明和精神文明有机融合的产物; 同时又是一种历史现象, 是社会的历史沉积。当今世界, 随着经济全球化进程的加快, 人们也越来越重视本民族的文化。我们只有加强对本民族文化的继承和创新, 才能更好地弘扬民族精神, 增强民族凝聚力。历史经验告诉我们, 任何一个民族要想屹立于世界民族之林, 必须具有自尊、自信、自强的民族意识。文化是维系一个民族生存和发展的强大动力。一个民族的存在依赖文化, 文化的解体就是一个民族的消亡。

　　随着我国综合国力的日益强大, 广大民众对重塑民族自尊心和自豪感的愿望日益迫切。作为民族大家庭中的一员, 将源远流长、博大精深的中国文化继承并传播给广大群众, 特别是青年一代, 是我们出版人义不容辞的责任。

　　本套丛书是由吉林文史出版社和吉林出版集团有限责任公司组织国内知名专家学者编写的一套旨在传播中华五千年优秀传统文化, 提高全民文化修养的大型知识读本。该书在深入挖掘和整理中华优秀传统文化成果的同时, 结合社会发展, 注入了时代精神。书中优美生动的文字、简明通俗的语言、图文并茂的形式, 把中国文化中的物态文化、制度文化、行为文化、精神文化等知识要点全面展示给读者。点点滴滴的文化知识仿佛颗颗繁星, 组成了灿烂辉煌的中国文化的天穹。

　　希望本书能为弘扬中华五千年优秀传统文化、增强各民族团结、构建社会主义和谐社会尽一份绵薄之力, 也坚信我们的中华民族一定能够早日实现伟大复兴!

目录

一、江源之谜与流域全貌

（一）流域全貌

　　长江是我国的第一大河，也是世界著名大河之一。长江干流自青藏高原蜿蜒东流，横贯青海、西藏、云南、四川、重庆、湖北、湖南、江西、安徽、江苏和上海等十一个省（直辖市、自治区），流入东海，全长 6300 千米，仅次于非洲的尼罗河（6632 千米）和南美洲的亚马逊河（6400 千米），为世界第三长河。长江流域水系发达，由数以千计的支流组成，有雅砻江、岷江、沱江、嘉陵江、乌江、湘江、汉江、赣江、青弋江、黄浦江等支流。它的支流南北延伸，分布到甘、陕、豫、黔、桂、粤、闽、浙等八个省、自治区的部分地区。流域

横亘在神州大地上的长江

长江

千百年来长江哺育并守护着生活在这里的百姓

面积 180 余万平方公里，约占全国总面积的五分之一。流域内大部分是山地和丘陵，平原较少。自发源地至宜昌为上游，宜昌至鄱阳湖口为中游，湖口至入海口为下游。

长江流域的地势，从长江河源至河口，整个说来为由西北向东南倾斜，形成巨大的三级台阶：第一级阶梯由青藏、川西高

江源之谜与流域全貌

原和横断山高山峡谷区组成，一般海拔在3500-5000米；二级阶梯为秦巴山地、四川盆地和鄂黔山地，一般海拔在500-2000米；三级阶梯由淮阳山地、江南丘陵和长江中下游平原组成，一般海拔在500米以下。这不同的河谷、如网的支流、多样的地形，便构成了长江流域多姿多彩的地貌。

由于长江流域幅员广阔，因而该流域的气候也非常复杂，分别属于青藏高寒区、西南热带季风区和华中亚热带季风气候区。亚热带季风气候区面积约占流域面积的三分之二。由于气候复杂，所以长江流域的降水量十分丰富，但也很不均匀。长江流域年平均

古老的宜昌在长江的润泽下迸发出年轻的活力

长江

今天的长江在和时代的脉搏一起跳动

降水量为1100毫米, 但地区分布很不均匀, 有年降水量超过2000毫米的多雨区, 也有年降水量200余毫米的地区。流域的降水受季风影响, 多集中在5-10月, 总的趋势是自东南向西北递减。流域大部分地区的降水天数一年中有150天以上。

长江流域一直以来都是我国农业文明的发源地, 农业资源占了很重要的位置。长江流域的耕地面积约占全国的24.3%, 而粮食产量占全国的40%, 其中水稻产量占全国的70%, 棉花产量占全国的33%以上。耕地95%分布在四川盆地和长江中下游地区。长江流域的林木蓄积量占全国的

江源之谜与流域全貌

古老的桥连接着长江的过去与未来

四分之一，主要分布在川西、滇北、鄂西、湘西和江西等地。用材林仅次于东北林区，经济林则居全国首位，以油桐、漆树、柑橘、竹林等最为显著。不仅如此，长江流域的野生动植物资源十分丰富。国家重点保护的野生动植物群落、物种和数量在我国七大流域中占首位。流域内已经建立了约一百处自然保护区。古老珍稀的植物有如水杉、银杉、珙桐等，仅存的珍禽异兽像大熊猫、金丝猴、白鳍豚、扬子鳄、朱鹮等，多属长江流域特有。

长江沿岸在全国已探明的130种矿产中，就有110余种，占全国的80%。各类矿产中占全国储量 80% 以上的就有钒、钛、汞、磷、萤石、芒硝、石棉等；占全国储量 50% 以上的有铜、钨、锑、铋、锰、高岭土、天然气等；流域内的煤炭储量少，占全国的 7.7%，主要集中在黔、川、滇三省，黔北六盘水煤炭储量居全国第三位。长江流域的工业带东起上海，西至攀枝花，长达 3000 余公里，包括上海、江苏、浙江、安徽、江西、湖南、湖北、四川、重庆等省及直辖市。以长江为依托自东向西分布，有全国最大的沪宁杭综合性工业基地，以武汉为中心的钢铁、轻纺等工业基地，以宜昌和重庆为中心的电力、钢铁等工业基地，以贵州乌江渡水电站为中心的矿业基地以及以六盘水和攀枝花为中心的煤炭、钢铁工业基地。长江流域工业带的进一步发展，将带动整个长江流域甚至全国经济的发展。

缭绕的云雾给山峰披上了薄纱

长江流域幅员广大，历史悠久，景观纷呈，旅游资源可以说是冠绝全国。现在已经形成了"一线七区"的旅游带：长江干流旅游区、长江三角洲旅游区、皖南名山风景区、赣北赣西旅游区、鄂西北陕南旅游区、湘西湘北旅游区、重庆四川旅游区、滇北黔北旅游区。长江上游的长江源、金沙江、都江堰、峨眉山、九寨沟、嘉陵江、丰都、长江三峡、滇池、大理、苍山洱海、丽江古城、黄果树瀑布、石林竹海等旅游景点早已闻名全国。长江中游的旅游资源有葛州坝水电站、武汉长江大桥、武当山、神农架、武陵源、张家界、衡山、庐山、井冈山、文武赤壁、鄱阳湖、洞庭湖以及江南三大名楼等。长江下游的太湖、南京长江大桥、中山陵、瘦西湖、苏州园林、西湖、绍兴水乡、上海外滩、黄浦江、东方明珠塔等也是名闻遐迩。

　　"说长江，道长江"就一定离不开长江的"水"。长江水资源十分丰富，近10000亿

东流的江水不舍昼夜地奔腾而去

长江

江水悠悠，千古亘流

立方米，居全国七大江河之冠，流域内人均水资源 2850 立方米，远高于全国平均水平。长江流域的水能资源理论上储量达 2.68 亿千瓦，可开发量 1.97 亿千瓦，年发电量约 10000 亿度，占全国的 53.4%。水能资源主要分布在长江上游的金沙江、雅砻江、大渡河、岷江、乌江、长江三峡段以及长江中游的清江、沅江、汉水、赣江上。长

江源之谜与流域全貌

江水系有通航河道 3600 余条，通航总里程 5.7 万余千米，占全国内河通航总里程的 52.6%，其中 1000 吨级以上航道 3042 千米。宜宾新市镇以下 2900 多千米可全年通航；重庆以下可通行 1500 吨级船舶；宜昌以下可通行 3000 吨级船舶；汉口以下可通行 5000 吨级船舶；南京以下可通行万吨级海轮。长江支流航道与京杭运河共同组成我国最大的内河水运网，干支流水运中心为重庆、武汉、长沙、南昌、芜湖和上海等六大港口，长江水系通航里程居世界之首。长江流域湖泊众多，河川如网，鱼类的品种、产量均居全国首位，占全国产量的 60% 以上。现有水面约 1.3 亿亩，接近全国淡水总面积的一半，其中可供养殖的约 5000 万亩。长江水系淡水鱼已知 274 种，为全国淡水鱼种的 39%，主要经济鱼类 60 多种，产区主要在中下游水域，目前渔业以淡水人工养殖为主，天然捕捞量不高。

爬满裂缝的石墙上记录着长江的足迹

（二）古往今来话江源

其实，我们的古人很早就对长江有记载，一般称"江"，与"河"对称。《诗经·周南·汉广》中有记载"江山永矣，不可方思"，

奇险逼人的悬崖峭壁守望着日夜奔涌的江水

汉代司马相如《子虚赋》中有"缘以大江，限以巫山"之称。一般认为最早在三国时期才开始称"长江"，首见于《三国志》的记载，以后长江之说就逐渐普遍。不过在不同的历史时期，不同的地区的人对本地区的长江段落有许多地区性的称法，如称金沙江为若水、绳水、泸水，称金沙江下游为马湖江，称宜宾到宜昌间为川江。长江进入江汉平原后，长江枝城至城陵矶段又称荆江，在今江西九江一带又称浔阳江，在安徽一带又称楚江，而在江苏仪征、扬州一带又有扬子江之称，后来被外国人借指整个长江。

但是我们的古人相当长的时间内对长江的客观真相并不是很清楚。"我住长江头，君住长江尾"，这是北宋词人李之仪的浪漫描写，表达了他的相思之情。但是，长江源头，这位宋代词人显然是没有去过。几千年来，我国有不少志士仁人对长江源头进行过探索、考察，真正解决这个问题，还是近几十年的事。

我国古代最早认为岷山是长江的发源地。大约成书于战国时代的《尚书·禹贡》，已经有"岷山导江"的记载，意思是大禹

美景好似一幅浓郁的泼墨山水画卷

江源之谜与流域全貌

渔船翩然于绿水青山间

治水时，对长江流域的治理，是从岷山开始，也有长江发源于岷山的意思。同时代的《荀子·子道篇》则直言"江出于岷山"。成书于春秋末年至汉代初年的《山海经》，则说："岷江，江水出焉，东北流，注于海。"这个认识明显与当时人们的活动范围有关，但也确实不容易了。

两汉时，人们已经知道了金沙江。西汉武帝时，通西南夷，中原王朝的势力范围达到今天四川南部和云南、贵州一带，并建立了一批郡县，对西南地区的地理知识增加了。据《汉书·地理志》记载，越嶲郡遂久县（治所在今云南宁蒗彝族自治县境）有绳水，发源于边境之外，东至僰道县（今四川宜宾市）汇入长江。这条绳水，就是今天长江的上源——金沙江。由于受到当时认知水平、测量条件诸多因素的限制，还不能正确认识金沙江就是长江的上游，观念上又囿于《尚书》是圣人经典，不容置疑。因此，当时仍然认为长江的上游是岷江。北魏郦道元在著名的《水经注》中，仍把绳水当

进入中游后的长江水域逐渐开阔

成是岷江的一条支流。

唐朝时，人们对江源的认识又有进步。唐朝文成公主入藏，增加了汉、藏民族间的来往。由于入藏通道要经过通天河流域，当时人们对金沙江的认识已经到达了其上源。樊绰《蛮书》卷二已经记载有犁牛河

（今金沙江上游通天河）接纳众河，分别称磨些江、泸水、马湖江等河流而注入戎州（今宜宾）。他们对这些河流走向的分析，与今天的金沙江流域的地理状况基本相符。因此，《蛮书》首次正确、完整地记载了金沙江流域。此后，人们对江源的认识又趋于停滞。

明朝末年，著名地理学家徐霞客通过对云南的实地考察，写成《江源考》（一名《溯江纪源》）一文，明确提出"推江源者，必当以金沙江为首"，主张金沙江是长江的正源。他首先提出了对江源的疑问：为什么江源短、河源长，难道是黄河流量数倍于长江吗？而事实上是长江流量比黄河大，因此，

西陵峡奇险的景观令中外游客流连忘返

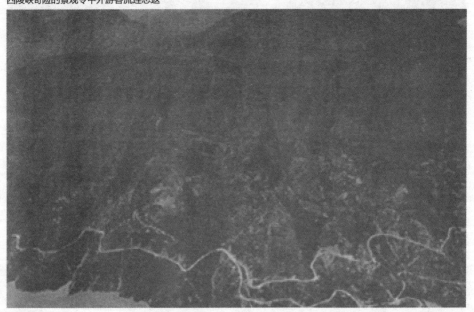

江源肯定要比河源长。为什么会产生这种认识上的错误呢？是因为金沙江流域是少数民族居住地区，加上地形复杂，水势汹涌，人们无论是走陆路还是水路，都很难溯江而上，只能将了解较为详细的岷江作为长江上游。徐霞客对云南山川的实地考察，最远可能到达丽江的石鼓。他认为金沙江从上源起，经过丽江、乌蒙，到四川叙州（今宜宾）止，共长两千多里，而岷江从上源经成都至叙州，全长只有一千多里。因此，不是金沙江在叙州汇入岷江，而是岷江在叙州汇入金沙江。由于受固有传统思想的束缚，徐霞客的真知灼见并没有得到

俯瞰长江两岸，一片苍翠葱茏

江源之谜与流域全貌

此后学术界的认同，反而不断受到抨击。《读史方舆纪要》《禹贡锥指》等许多学术著作仍将岷江作为江源。

清朝康熙年间，为了编制精确的全国地图，开展了一次全国性的测量。测量人员的足迹到达了包括江源在内的青藏地区，对江源的认识又前进了一步。测量人员在1720年到达江源地区时，看到的是"江源如帚，分散基阔"，不知道哪一条是长江的真正源头。根据这次测量成果编制的《皇舆全览图》，在金沙江上源标为"木鲁乌苏河"。"木鲁乌苏河"为蒙语"冰河"之意。从图上的位置比较，木鲁乌苏河相当于今天的布曲。杨椿

巫峡谷深峡长，江流蜿蜒曲折，千回百转

长江

在看了新编的《黄舆全览图》后便指出"言江源者当以金沙江为主"，而清代史学家李绂也认为"以源之远论，当主金沙江……若岷江则断断不得指为江源也"。到了乾隆二十六年（1761 年），地理学家齐召南在所著的《水道提纲》一书的《江道论》一文中，虽然还保留着"大江源出岷山"的说法，同时又认为金沙江"为大江上源无疑也"，"金沙江即古丽水，亦曰绳水，亦曰犁牛河，番名木鲁乌苏，岷江最上源也。出西藏卫地之巴萨通拉木山东麓"。巴萨通拉木山一作当拉岭。"当拉"即"唐古拉"的同音异议。齐召南还进一步指出金沙江有三条源流，均发源于巴萨通拉木山：一条是出自该山的正源木鲁乌苏河（今布曲）；一条是出自山西面的喀齐乌兰穆伦河（今尕尔曲）；一条是出自山东面的拜都河（今冬曲）。

新中国成立后，关于江源的认识倾向于有南北两源：北源为发源于可可西里山东麓的楚玛尔河，南源为发源于祖尔肯乌拉山北麓的木鲁乌苏河，两源相会后称通天河。1976 年夏天对江源地区的科学考察揭开了万里长江真正源头之谜。由长江流域规划办公室组织的江源调查队，深入江源地区，考察了通天河上游的扇形河网，对江源五条大河逐一进行测量、比较：论长度，沱沱河最

初春的三峡，宁静中更添了些许妖媚

余晖里的巫峡褪去了斑斓的色彩，宁静安详

长，当曲其次；论水量，当曲最大，沱沱河第二。由于沱沱河流向基本与通天河相同，而当曲则呈倒转形势，弯向东南，根据河流长度并结合水量、流向一致性考虑，沱沱河是长江正源，其他均为支流。1978年1月13日，新华社据此向世界公布：长江的源头是位于唐古拉山主峰各拉丹东雪山西南侧的沱沱河。为此，我们走过了两千多年的探索历程。

二、长江流域的千古胜迹

(一) 金沙江

长江江源水系汇成通天河后，到青海玉树县境进入横断山区，开始称为金沙江。流经云南高原西北部、川西南山地，到四川盆地西南部的宜宾接纳岷江为止，全长 2316 千米，流域面积 34 万平方千米，与之相邻的是怒江、澜沧江，相互之间距离最近处仅 70 多千米，三条江平行南流，形成著名的三江并流景观地区。由于流经山高谷深的横断山区，水流湍急，向东南奔腾直下，至云南省丽江纳西族自治县石鼓附近突然转向东北，形成著名的虎跳峡，两岸山岭与江面高差达 2500-3000 米，是世界最深峡谷之一。

名峡荟萃聚西陵，西陵山水天下佳

长江

金沙江落差 3300 米，水力资源一亿多瓦，占长江水力资源的 40% 以上。流域内矿物资源丰富，但流急坎陡，江势惊险，航运困难。由于河床陡峻，流水侵蚀力强，金沙江是长江干流宜昌站泥沙的主要来源。

金沙江河谷地貌特征可以德格县白曲河口和马塘县玛曲河口附近分为上、中、下三段。上段是峡宽相间河谷段，自邓柯乡盖哈河口至德格白曲河口长 207 千米，江面海拔 3340–2980 米，落差 360 米，平均坡降为 1.74‰。本段河谷对割深度为 1000–1500 米，河谷谷坡一般在 30°左右。河谷形态受地质构造与谷坡岩性影

夷陵大桥架起了宜昌经济腾飞的希望

响，呈峡谷与窄谷（宽谷）相间分布。峡谷段河床单一，阶地不发育。河宽一般 90 米左右，河流切入基岩。窄谷段谷底一般宽度在 500 米左右，支沟口有洪积或泥石流台地发育。其中最大的谷地在本段河谷的北端邓柯宽谷，该段河长 40 千米左右，江面海拔 3300 米左右，河谷开阔而平直，呈北西西走向，是受构造控制的河谷。谷底宽达 2–3 千米，此段江面多分岔，河漫滩、江心洲发育，两侧支沟洪积扇发育，促使河道迂回曲折，河流阶地呈不对称分布，该段谷地是昌都地区各大河流地中最宽大的谷地。在其他河谷段，河床仍为单一河道为主，江心滩十分少

静默的乌江见证了龚滩古镇千年的历史变迁

长江

金沙江如蓝色绸带，温柔地环绕着青山

见。中段是深切峡谷段，自德格白曲河口至巴塘玛曲河口，河长为291千米，江面海拔高度在2980—2482米之间，落差498米，平均坡降为1.71‰。本段河谷相对切割深度在1500—2000米之间，河谷谷坡一般在30°以上。河段谷中谷现象明显，河谷上部谷坡较缓，下部陡峻，河谷上有零星的谷肩平台分布。谷坡不稳定，崩塌、滑坡和泥石流频繁发生。河流深切基岩，河床中多急流、险滩，绝大部分地段河床即为谷底。在一些较小支沟汇入处偶见滑坡泥石流扇台地发育，局部稍宽谷地里偶见阶地分布，如江达岗托附近有两级阶地，分

武汉长江大桥是修建在长江上的第一座铁路、公路两用桥

别高出江面 25 米和 65 米。本段河谷是昌都境内金沙江最狭窄的一段河谷。下段是峡谷间窄谷段，本段河谷自巴塘玛曲河口至巴塘县中心线附近的麦曲河口西南方小河的金沙江汇口，长 87 千米，江面海拔 2482–2296 米，落差 186 米，平均坡降为 2.14‰。本段河谷相对切割深度在 2000 米左右，河谷谷坡一般为 30° 左右。峡谷段江面宽在 100 米左右，河床单一，河流切入基岩，阶地不发育。本河段所夹的窄谷段，谷底一般宽度在 500 米左右，河床较宽，有狭窄的阶地和支沟口洪积或泥石流台地发育。如巴塘竹巴笼金沙江

大桥附近江面宽约 200 多米，其下游可见河漫滩和江心洲发育。

金沙江是我国第一大河长江的上游，早在两千多年前的战国时期成书的《禹贡》中将其称为黑水，随后的《山海经》中称之为绳水，东汉许慎的《说文解字》及《汉书·地理志》中将今雅砻江以上部分称为淹水，而以若水（雅砻江）为干流。三国时期，称为泸水，诸葛武侯"五月渡泸，深入不毛"。北魏郦道元在《水经注》中首次对金沙江水系做了详细描述，但未能言明金沙江与长江干流的关系。除此以外，金沙江还有丽水、马湖江、神川等名称。

长江大桥不仅是桥，更是一座历史的丰碑

长江流域的千古胜迹

沿河盛产沙金，"黄金生于丽水，白银出自朱提"。宋代因为河中出现大量淘金人而改称金沙江。

在漫长的历史上，金沙江及其支流雅砻江、安宁河处于学术界称的"横断山民族大走廊"上，是氐羌系统民族南下的一个重要河谷。今天，两岸居住有藏族、彝族、纳西族、白族、苗族等众多的民族，可以说金沙江流

长江两岸风景多变，奇峰异石林立

域是中华文明的一个重要发源地区，彝族的太阳历、二进制、向天坟等都是这种文化的代表。

丽江是金沙江上的一个人类文化与自然遗产有机结合的城镇，城市附近石鼓的万里长江第一湾展示了自然的冲击力量，而高达5000多米的哈巴雪山、玉龙雪山则体现自然

长江三峡风景秀丽，是中国十大风景名
胜之一

地貌的错落与跌宕。纳西文化的气息将这
个城市演绎得既有中原文化的气韵，更有
高原大江的少数民族风味。作为一个历史
文化名城中没有城墙的城市，更显现了少
数民族文化与中原传统文化的交融，凸现
出现代城镇的开放。作为中国世界文化遗
产，丽江古城不仅是一个少数民族文化古
代城镇胜迹，也传承了中原古文化的遗韵，
其文化遗产的价值更大。今天丽江成为中
国著名的旅游城镇，但在历史上这座城市
留给我们更多的是风烟战火和马帮铃声，
这可从丽江附近的众多胜迹中看到这种历
史的沉淀。丽江塔城的神川铁桥遗迹，是

长江流域的千古胜迹

长江三峡地灵人杰，是中国古文化的发源地之一

唐代南诏与吐蕃交通征战的重要桥梁，也是
云南、西藏间茶马古道的一个重要关津。巨
甸的巨津古道则是这条茶马古道上的重要渡
口。石鼓附近的石门关则是明清时期的一个
重要军事要地，曾设石门关巡检司。丽江曾
是忽必烈南征大理时西路军入云南的重要渡
口，也许历史上的所谓"元跨革囊"就是在
这里演绎的。在丽江石鼓镇，我们能看到明
代丽江土司木高在这里大破吐蕃后所立的石
鼓碑碣。传说这块碑碣为诸葛亮所立，这与
西南地区普遍存在的孔明信仰有关。

　　金沙江丽江以下流域重要的人文胜迹，

武汉长江大桥实现了"一桥飞架南北，天堑变通途"

要算云南宁蒗县泸沽湖的母系氏族走婚遗俗，湖边的摩梭人流行以母系为中心的阿注婚，不娶不嫁，自由交往，特别引人注目。而泸沽湖为四川三大自然湖泊之一，面积50多平方公里，没受任何污染，四周风光旖旎，空气清新，乘上摩梭女划的猪槽船，会感受到与现实隔绝的宁静和回归传统的自由纯真。环境的封闭是保留母系氏族婚姻形态的一个重要原因，但随着与外界交往的增多，阿注婚已经开始向阿注同居婚、成家婚发展。

金沙江下游的宜宾号称万里长江第一城，历史可谓悠久，先秦时为僰侯国，秦汉

长江流域的千古胜迹

设立僰道。宜宾历代又有戎州、叙州、叙州府等称法。宜宾是下川南一个重要城镇，在历史上为川南、滇东北各民族的一个物质集散地，故这座城市"夷夏"之风相兼。这一点在范成大《吴船录》中多有记载。明清时期，由于张献忠等一系列战乱的影响，四川人口耗损严重，川南地区相对损耗小些，保留着的四川中古传统更多一些，故我们往往称川南为"老四川"，宜宾城的风情正是在这种背景下形成的。游人如果想了解四川的风情，请到宜宾去。今天，川南宜宾仍有许多传统文化，如川南山歌、黄粑、猪儿粑、糟蛋、白酒、燃面等，其中白酒五粮液名声最大，故宜宾又有酒城的美名。

暮色长江

（二）虎跳峡

传说那时候丽江统治者——木老爷富极一时，身边有不少能人才子，其中有一个特别擅长算命。一天，他替木老爷算了算，说木老爷生时大富大贵，但是死后却无棺材可用。木老爷大惊，从此在他所要经过的任何地方，每隔十里地就放置一口棺材以和命运作抗争。一天，天气极好，

一座座桥梁横跨长江，构架南北经济的
繁荣

木老爷心情极佳，于是骑着自己的坐骑——
一头老虎，沿金沙江边走去。江水汹涌澎湃，
江岸风景如画。人虎到了一个较狭窄的地段，
老虎纵身一跃，往江中间的一块大石头上跳
去。老虎着落了，人却没有和虎同时着落，
而是早已掉入了滚滚江水之中。时间早已流
逝，木老爷和他的老虎早已不知去向，但是
却为后人留下了虎跳峡、虎跳石这些充满想
象的名字。

还有一个美丽的传说，说金沙江、怒江、
澜沧江和玉龙山、哈巴山，原是五兄妹。三
姐妹长大了，相约外出择婿，父母又急又气，
要玉龙、哈巴去追赶。玉龙带着十三把剑，

哈巴挎着十二张弓，抄小路来到丽江，面对面坐着轮流守候，并约定谁放过三姐妹，就要被砍头。轮到哈巴看守时，玉龙刚睡着，金沙姑娘就来了。去路被两个哥哥挡住了，怎么办呢？聪明的金沙姑娘想起了哈巴有爱打磕睡的毛病，便边走边唱，一连唱了十八支歌。婉转动人的歌声果然使哈巴听得入了迷，渐渐睡着了。金沙姑娘瞅准这一机会，终于从两个哥哥的脚边猛冲过去，大声欢笑着飞奔而去。现在虎跳峡中的十八个陡坎，就是金沙姑娘唱的十八首歌。玉龙醒来见此情景，又气又悲，气的是金沙姑娘已经走远，悲的是哈巴兄弟要被砍头。他不能违反约法，

虎跳峡风光

抽出长剑砍下了哈巴的头，随即转过背去痛哭，两股泪水化成了白水和黑水，哈巴的十二张弓变成了虎跳峡西岸的二十四道弯，哈巴的头落在江中变成了虎跳石。

虎跳峡是世界四大峡谷之一，也是世界上落差最大的峡谷，是中国最深的峡谷之一，在云南省丽江纳西族自治县石鼓东北。虎跳峡在当地纳西族居民中有几个称呼，一种为"无鲁阿仓过"，"无鲁"意为雪山，"阿仓"意为地名，"过"意为深巷、窄巷；另一种叫"里斯里美公弓谷"，意思是用手能递送弩箭的峡谷；还有一种叫"阿仓老丛老洛弓"，意为阿仓猎人追着老虎跳过的峡谷。长江上游金沙江到此急转北流，从哈巴山和玉龙雪山之间的夹缝中硬挤了过去，形成了世界上最壮观的大峡谷，号称长江第一湾。峡谷长16千米，右岸玉龙雪山主峰海拔5596米，左岸中甸雪山海拔5396米，中间江流宽仅30—60米。峡谷中最窄的地方就是著名的虎跳峡景观，相传老虎可以蹬踩江中的一块巨石，跳过金沙江。当年尧茂书的探险队就曾经在此漂流，虽英雄壮志未酬身先去，此地却因此而名声大振。虎跳峡的上峡口海拔1800米，下峡口海拔1630米，虎跳峡南岸的玉龙雪山海拔 5596 米，临峡一侧山体陡峭，几乎是绝壁，无路可寻；北岸的哈巴雪山海拔 5386 米，临峡一侧山坡稍缓，这一侧有一条简易的碎石公路，贯通全峡，公路上方还有一条步行小路。两岸山岭和江面相差 2500—3000 米，谷坡陡峭，蔚为壮观。江流在峡内连续下跌七个陡坎，落差 170 米，水势汹涌，声闻数里，为世界上最深的大峡谷之一。旧时曾因山崩截断江流，至今尚有崩积物遗留。

　　虎跳峡距离丽江纳西族自治县县城 60 千米，这条峡谷在金沙江上游，全长 18 千米，分上虎跳、中虎跳、下虎跳三段，迂回道路

虎跳峡水势汹涌，声闻数里

虎跳峡景色奇丽壮观

虎跳峡为世界上最深的峡谷之一

长江

25 千米，东面为玉龙雪山，西面为迪庆的哈巴雪山，峡谷垂直高差 3790 米，是世界上最深的峡谷之一。江流最窄处，仅三十余米。峡内礁石林立，有险滩 21 处，高达十来米的跌坎七处，瀑布十条。

上虎跳是峡谷中最窄的一段，离公路边的虎跳峡镇 9 千米，其江心雄踞一块巨石，横卧中流，如一道跌瀑高坎陡立眼前，把激流一分为二，惊涛震天。传说曾有一猛虎借江心这块巨石，从玉龙雪山一侧，一跃而跳到哈巴雪山，故此石取名虎跳石。中虎跳离上虎跳 5 千米，江面落差甚大，"满天星"礁石区是这里最险的地方。百米峡谷中，礁

虎跳峡之上的碧空白云

石林立，水流湍急，惊涛拍岸。从中虎跳过险境"滑石板"，即到下虎跳。下虎跳有纵深1千米的巨大深壑，这里接近虎跳峡的出口处，是欣赏虎跳峡最好的地方。

清代雍乾之际的云南诗人孙鬃翁，在《金沙江》一诗中写道：劈开蕃城斧无痕，流出犁牛向丽奔。一线中分天作堑，两山夹斗石为门。"虎跳峡天下险"，但这个"险"中却蕴藏着夺人心魄的壮美，正是这种"险"，吸引着国内外无数游客到此寻幽探险。著名人类文化学者维·弗·洛克曾三次游历虎跳峡，对峡谷流连忘返，并租用飞机对虎跳峡进行航拍，方感心满意足。建国后，张冲将军曾

七次亲临虎跳峡，为开发虎跳峡的水利资源做出了不朽的贡献。最后，将遗骨洒入虎跳峡，使虎跳峡在悲壮中增添了许多豪气。

（三）都江堰

都江堰不仅是举世闻名的中国古代水利工程，也是著名的风景名胜区。1982 年，都江堰作为四川青城山——都江堰风景名胜区的重要组成部分，被国务院批准列入第一批国家级风景名胜区名单。2007 年 5 月 8 日，成都市青城山——都江堰旅游景区经国家旅游局正式批准，成为国家 5A 级旅游景区。

根据联合国《保护世界文化和自然遗产公约》第一条第二款有关文化遗产定义的规

李冰父子像

定："建筑群：从历史、艺术或科学角度看在建筑式样、分布均匀或与环境景色结合方面具有突出的普遍意义价值的单立或连接的建筑群。"都江堰水利工程以历史悠久、规模宏大、布局合理、运行科学、与环境和谐结合，在历史和科学方面具有突出的普遍价值，2000年联合国世界遗产委员会第24届大会上都江堰被确定为世界文化遗产。

在秦蜀郡太守李冰建堰初期，都江堰名称叫"湔堋"，这是因为都江堰旁的玉垒山，秦汉以前叫"湔山"，而那时都江堰周围的主要居住民族是氐、羌人，他们把堰叫做"堋"，都江堰就叫"湔堋"。三国蜀汉时期，都江堰地区设置都安县，因县得名，都江堰称"都安堰"。同时，又叫"金堤"，这是突出鱼嘴分水堤的作用，用堤代堰作名称。唐代，都江堰改称为"楗尾堰"。因为当时用以筑堤的材料和办法，主要是"破竹为笼，圆径三尺，以石实中，累而壅水"，即用竹笼装石，称为"楗尾"。直到宋代，在宋史中，才第一次提到都江堰："永康军岁治都江堰，笼石蛇决江遏水，以灌数郡田。"

为什么称之为都江堰，都江又是哪条江呢？《蜀水考》说："府河，一名成都江，有二源，即郫江，流江也。"流江是检江的另一种称呼，成都平原上的府河即郫江，南河即检江，它们的上游，就是都江堰内江分流的柏条河和走马河。《括地志》说："都江即成都江。"从宋代开始，把整个都江堰水利系统工程概括起来，叫都江堰，才较为准确地代表了整个水利工程系统，一直沿用至今。

都江堰水利工程位于呈扇形伸展的成都平原的顶部，海拔739米，是都江堰灌区的高点，地理位置良好。由"鱼嘴"分水堤、"飞沙堰"溢洪道和"宝瓶口"引水口三项主要工程以及成千上万条灌溉渠

都江堰

道和分堰组成，经过两千多年来的不断扩建和维修，才形成现在的规模。它的主要设施，沿江自上而下有百丈堤、分水鱼嘴、金刚堤、飞沙堰、人字堤和宝瓶口，其中分水鱼嘴、金刚堤、宝瓶口起分水作用，飞沙堰、人字堤则是溢流工程。分水鱼嘴是修筑在岷江河床中心的分水堰，形似卧伏江中的大鱼之嘴，故名。又因它是都江堰的起点，因此也叫都江鱼嘴。鱼嘴下端两侧分别是内、外金刚堤。在鱼嘴和内、外金刚堤的引流下，岷江干流被一分为二，西侧为外江，是岷江的正流，是泄洪河道；东侧为内江，是灌溉河道。内江之水在金刚堤的分水作用下，被引入地势

巴东长江大桥是跨越长江的一座特大型桥梁

三峡工程是迄今世界上综合效益最高的水利枢纽

较高的宝瓶口。宝瓶口的左面是玉垒山，右面是离堆，李冰凿离堆，就是开宝瓶口。口宽约 20 米，形似瓶口颈，故名。宝瓶口在内岸岩石上刻有水则，观测内江水位。在分水鱼嘴的上游处，有一个天然江心洲韩家坝，每当枯水季节，韩家坝露出水面，岷江江流在韩家坝和分水鱼嘴的控制下，被调向左岸进入内江，形成枯水季节内江分六成、外江分四成的天然倒四六分流。大水时，韩家坝被淹没，主流取直，径直流向外江，形成洪水季节内江分四成、外江分六成的形势。当水量太大时，飞沙堰、人字堤等溢流工程开始发挥作用。飞沙堰，唐代叫侍郎堰，位于内金刚堤的下端，今堰长约 270 米。堰的高度可根据内江用水量的多少决定，当宝瓶口水位超过需要的高度时，堰顶开始向外江溢流。人字堤在宝瓶口右侧的江心，上接飞沙堰。当内江出现更高的洪水位时，堤顶也向外江溢流。

都江堰区分内江、外江两个部分。内江水系有走马河、柏条河、蒲阳河三条主干渠，外江水系有沙黑河等六条干渠，内江灌区略大于外江灌区，历史上浇灌着成都平原 300 万亩农田。1949 年后，随着灌溉渠道的扩展，把岷江水从平原引入了龙泉山下的丘陵地带。目前,它已被建造成现代化的永久性工程,灌溉面积扩大到近三十个市县的 800 万亩良田。两千二百多年来,都江堰仍然发挥着巨大效益。李冰治水,功在当代,利在千秋,不愧为文明世界的伟大杰作,造福人民的伟大水利工程。

都江堰市区除了都江堰工程外,还有二王庙、伏龙观、安澜索桥等名胜古迹。

(四) 长江三峡

长江三峡是指在重庆、湖北两省间的瞿塘峡、巫峡和西陵峡。长江三峡西起重庆市的奉节县,东至湖北省的宜昌市,自西向东

三峡大坝

长江流域的千古胜迹

西陵峡江面壮阔，风平浪静，船只畅行无阻

主要有三个大的峡谷地段：瞿塘峡、巫峡和西陵峡，三峡因而得名。三峡是由于这一地区地壳不断上升，长江水强烈下切而形成的，水力资源极为丰富。

自白帝城至黛溪称瞿塘峡，巫山至巴东官渡口称巫峡，秭归的香溪至南津关称西陵峡。两岸山峰海拔 1000—1500 米，峭崖壁立，江面紧束，最窄处是长江三峡的入口夔门只有 100 米左右。水道曲折多险滩，舟行峡中，有"石出疑无路，云升别有天"的境界。长江三峡，是中国十大风景名胜之一，位于中国四十佳旅游景观之首。长江三峡西起重庆奉节的白帝城，东到湖北宜昌的南津关，是长江上最为奇秀壮丽的山水画廊，全长 192 千米，也就是常说的"大三峡"。除此之外还有大宁河的"小三峡"和马渡河的"小小三峡"。这里两岸高峰夹峙，江面狭窄曲折，江中滩礁棋布，水流汹涌湍急。"万山磅礴水溙溙，山环水抱争萦纡。时则岸山壁立如着斧，相间似欲两相扶。时则危崖屹立水中堵，江流阻塞路疑无。"郭沫若同志在《蜀道奇》一诗中，把峡区风光的雄奇秀逸，描绘得淋漓尽致。我国古代有一部名叫《水经注》的地理名著，是北魏时郦道元写的，书中有一段关于三峡的生动叙述："自三峡七百里中，两岸连山，略无阙处。重岩叠

巫峡素以幽深秀丽的景色而著称

长江流域的千古胜迹

长江风光千姿百态，水波粼粼，山势雄伟

黄昏时分静谧的西陵峡

嶂，隐天蔽日，自非亭午夜分，不见曦月，至于夏水襄陵，沿溯阻绝。或王命急宣，有时朝发白帝，暮到江陵，其间千二百里，虽乘奔御风，不以疾也。春冬之时，则素湍绿潭，回清倒影。绝巘多生怪柏，悬泉瀑布，飞漱其间。清荣峻茂，良多趣味。每至晴初

霜旦，林寒涧肃，常有高猿长啸，属引凄异，空谷传响，哀转久绝。故渔者歌曰：'巴东三峡巫峡长，猿鸣三声泪沾裳！'"三峡两岸崇山峻岭，悬崖绝壁，风光奇绝，两岸陡峭连绵的山峰，一般高出江面 700—800 米左右。江面最狭处有 100 米左右。随着规模巨大的三峡工程的兴建，这里更成了世界知名的旅游热线。三峡旅游区优美景区众多，其中最著名的有丰都鬼城、忠县石宝寨、云阳张飞庙、瞿塘峡、巫峡、西陵峡、宏伟的三峡工程、大宁河小三峡等。长江三峡，无限风光。瞿塘峡的雄伟，巫峡的秀丽，西陵峡的险峻，还有三段峡谷中的大宁河、香溪、神农溪的

长江流域的千古胜迹

神奇与古朴，使这驰名世界的山水画廊气象万千——这里的群峰，重岩叠嶂，峭壁对峙，烟笼雾锁；这里的江水，汹涌奔腾，惊涛拍岸，百折不回；这里的奇石，嶙峋峥嵘，千姿百态，似人若物；这里的溶洞，奇形怪状，空旷深邃，神秘莫测……三峡的一山一水，一景一物，无不如诗如画，并伴随着许多美丽的神话和动人的传说，令人心驰神往。

长江三峡，地灵人杰。这里是中国古文化的发源地之一，著名的大溪文化，在历史的长河中闪耀着奇光异彩；这里，孕育了中国伟大的爱国诗人屈原和千古名女王昭君；青山碧水，曾留下李白、白居易、刘禹锡、

奉节夔门长江大桥

长江

三峡开闸泄洪的壮观场面

范成大、欧阳修、苏轼、陆游等诗圣文豪的足迹，留下了许多千古传颂的诗章；大峡深谷，曾是三国古战场，是无数英雄豪杰驰骋用武之地；这里还有许多著名的名胜古迹，白帝城、黄陵庙、南津关……它们同这里的山水风光交相辉映，名扬四海。

三峡是渝鄂两省市人民生活的地方，主要居住着汉族和土家族，他们都有许多独特的风俗和习惯。每年农历五月初五的龙舟赛，是楚乡人民为表达对屈原的崇敬而举行的一种祭祀活动。巴东的背篓世界、土家人的独特婚俗，还有那被称为鱼类之冠的神态威武

长江三峡秀丽风光

的国宝——中华鲟。1982 年，三峡以其举世闻名的秀丽风光和丰富多彩的人文景观，被国务院批准列入第一批国家级风景名胜区名单。

三峡的神奇就在于四个字：雄、险、奇、幽。这里，无峰不雄、无滩不险、无洞不奇、无壑不幽。瞿塘峡山势雄峻，上悬下陡，如斧削而成，其中夔门山势尤为雄奇，堪称天下雄关，因而有"夔门天下雄"之称。有诗称之"众水会涪万，瞿塘争一门"。江水至此，水急涛吼，蔚为大观。清代诗人何明礼有一首诗写得至为贴切："夔门通一线，怪石插流横。峰与天关接，舟从地窟行。"巫峡幽深奇秀，两岸峰峦挺秀，山色如黛；古树青藤，繁生于岩间；飞瀑泫泉，悬泻于峭壁。峡中九曲回肠，船行其间，颇有"曲水通幽"之感。巫峡最享盛名的是巫山十二峰，其中，又以神女峰最富魅力，她耸立江边，宛若一幅浓淡相宜的山水国画。有唐代诗人元稹之诗为证："曾经沧海难为水，除却巫山不是云。"西陵峡滩多水急，其中的泄滩、青滩、崆岭滩，为著名的三大险滩。

在瞿塘峡北岸一处黄褐色悬崖上，有几个竖立的洞穴，约宽半米，从前里面置有长

坐落于西陵峡附近的城镇

方形的东西，从远处看去，形状像风箱，所以被称为风箱峡。那些风箱是战国时代遗留的悬棺，共发现九副，棺中有青铜剑和人骨，现在悬棺已坠毁，洞穴仍存。南岸粉壁崖上多古人题咏石刻，篆隶楷行，造诣各殊，刻艺精湛。古栈道遗迹是岩壁上依次排列的无数石孔，石孔一般距水面三十米左右，深约一尺，孔距在四至六尺之间，多数地段为上下两排。古时，在石孔上插入根六寸木棍，然后在木棍之间铺上木板，这就是大宁河的栈道。人们就在木板上行走并运送物资。对游人来说，悬棺和栈道都带有神奇色彩，游人可以充分发挥自己的想象，对"栈道之迷"

长江两岸秀丽的自然风光

作出解释。

　　历经十年建设，举世瞩目的三峡工程已按照既定方案，于 2003 年 6 月 1 日下闸蓄水了。遵循"一级开发，一次建成，分期蓄水，连续移民"的建设方略，三峡工程逐渐全部建成，实现"高峡出平湖"。

西陵长江大桥是三峡工程建设两岸交通的主要
通道

（五）文武赤壁

我国有文、武二赤壁，文赤壁为东坡赤壁，武赤壁为周郎赤壁。文武赤壁都在长江沿岸。

东坡赤壁原名赤鼻，亦称赤鼻矶，位于古黄州（今湖北省黄冈县）城西门外，故又称为黄州赤壁。因其崖石屹立如壁，且呈赤色，也称为赤壁。唐代前后这里就是游览胜地，历代文人墨客到此游览者甚多，并留下了大量题赋、诗文和碑刻，故此赤壁被称为

"文"赤壁。北宋时期著名的文学家苏东坡被贬黄州时，常到此地游览，写下了千古传诵的《赤壁赋》《后赤壁赋》《念奴娇·赤壁怀古》等名作，该赤壁从此出名。为与三国时"赤壁之战"的赤壁相区别，清代康熙年间重修该赤壁时定名为"东坡赤壁"。

东坡赤壁

东坡赤壁的建筑始于唐前，数毁数建，后又经1868年、1922年、1925年重建、改建，才具今日之规模。1950年后又经修缮，现有一堂（二赋堂）、一峰（剪刀峰）、二楼（挹爽楼、栖霞楼）、二阁（留仙阁、春风阁）、五亭（坡仙亭、醉江亭、睡仙亭、放龟亭、问鹤亭）等瑰丽典雅的建筑物，掩映在绿树红墙间。挹爽楼四壁嵌有清代光绪年间由著名学者杨守敬所选刻的《景苏园帖》，计有石刻102方，为苏书各体中的精品。在其他的亭堂之中也多嵌有历代文人所书写的木刻、石碑等。昔日的赤壁矶，江水流经矶头，"乱石穿空，惊涛拍岸，卷起千堆雪"。今日，崖壁上仍然留有当年浪冲、篙点的痕迹。

而周郎赤壁即三国时期著名的赤壁之战的遗址。该赤壁古名石头关，位于湖北省蒲沂市城区西北36千米处的长江南岸，隔江与洪湖市的乌林镇相望。相传东汉建

赤壁风光

安十三年（公元 208 年），孙权、刘备联军在此运用火攻战术，大破曹操军队，时火光冲天，照得江岸崖壁一片彤红，"赤壁"遂得名（关于赤壁之战的地址尚无定论，除上述说法外，目前还有该战发生在武汉市江夏区金口镇长江岸边赤壁、武汉市蔡甸区汉水岸边赤壁、湖北省汉川市汉水岸边赤壁以及湖北省钟祥市汉水岸边赤壁等多种说法）。因此赤壁是孙、刘联军大破曹军之处，故有"武"赤壁之称。

赤壁遗址

此处有赤壁、南屏、金鸾三山，起伏毗连，苍翠如绘。摩崖石刻、拜风台、凤雏庵、翼江亭等文物和建筑隐现其间。赤壁山西南部嶙峋临江，斜亘百丈，涨水之时，激浪飞溅，噌吰雷鸣，气势磅礴，为历代名人攀登凭吊、唱咏抒怀之处，现新建有层台、阁亭等建筑。赤壁摩崖主要在赤壁矶头的石壁上，刻有各种文字、印记、诗赋和画像等，仅镌刻"赤壁"二字的题榜即有四处之多。其中字体最大的"赤壁"题榜，气势雄浑，笔力苍劲，传为周瑜所题。近旁有诸葛亮、刘备、关羽、张飞等人的画像。拜风台又名武侯宫，位于南屏山顶，相传为诸葛亮在赤壁之战前祭东风所造的七星坊遗迹。后人在此筑台建宫，以资纪念。现存建筑物系1935年重建。20世纪90年代初，在赤壁旁建了一座"赤壁大战纪念馆"，馆外型似一古代战船，船头旗帜飞舞，馆内有三国人物蜡像列阵，再现了当年战况。此外，赤壁周围还有其他有关景点：凤雏庵位于金鸾山腰，相传三国时名人

赤壁遗址

赤壁遗址

长江

庞统隐居于此，现存殿宇数间，系清代重建，庵址四周古树参差、百鸟飞鸣、幽深雅丽、别具情趣。翼江亭位于赤壁山头，系近代建筑，相传为当年周瑜破曹军时的哨所。

（六）三大名楼

湖北武汉市的黄鹤楼、江西南昌市的滕王阁、湖南岳阳市的岳阳楼被人们称为"江南三大名楼"，其中又以黄鹤楼为三大名楼之首。

1. 滕王阁

位于南昌市区沿江北路，西邻赣江。唐高宗显庆四年（659年），太宗李世民之弟李元婴任洪州（今南昌）都督时，在州城西

滕王阁

面城墙上所建。当阁建成时，封李元婴为滕王的皇命也刚好传到，故名滕王阁。滕王阁初建时，同时筑有南北二亭，南曰压江，北曰挹秀，宋末毁坏。在一千三百多年间，屡毁屡兴达 28 次。据记载，滕王阁规模最大时，高九丈，共三层，东西长八丈六尺，南北宽四丈五尺。元末至正二十二年（公元 1362 年），朱元璋战胜陈友谅后，在滕王阁上设宴，下令将陈友谅所蓄之鹿放生西山。此后再次毁坏，正统初年重建，并建迎恩堂。公元 1926 年被北洋军阀邓如琢毁坏，仅存一块"滕王阁"青石匾。现在的滕王阁，重新建成于公元 1989 年重阳节。

滕王阁因王勃《滕王阁序》而名垂千古。滕王阁建成后，又一年的九月九日重阳，洪州都督阎伯屿在此大宴宾客、僚属。这一天，王勃恰好路过，也应邀出席。阎伯屿的女婿吴子章善写文章，就在前一天晚上思考了一夜，打了腹稿，准备到时好好露一手。酒宴之后，阎都督命人取出纸笔，邀请在座的宾客为滕王阁写作序文，那些宾朋僚属早已猜到阎都督的意图，故意互相谦让，推辞不写。轮到王勃时，这位 6 岁时已出名、年纪很轻的客人毫不客气，欣然命笔。阎都督见状，

滕王阁

心里十分不满，借口更衣，离座拂袖而去，暗中命令手下办事人员，将王勃所作文章一句一句不断传报。当手下传来王勃写的前面几句时，阎都督想不过如此。当得知王勃写出"落霞与孤鹜齐飞，秋水共长天一色"时，阎都督脸色一变，不仅称赞道："此天才也！"他的女婿见此情形，暗暗退出。王勃作序后，又有王仲舒作记，王绪作赋，历史上称为"三王文章"。从此，序以阁而闻名，阁以序而著称。后又经韩愈等人题咏，成为江南三大名楼之一。

现在重新修复的滕王阁整体布局已发生巨大的变化，它在南昌城西形成了一片规模宏大、配套设施齐全的仿古建筑群落。从东面榕门路口进入，是一座高大的四柱七楼宋式彩绘大牌楼。往里50米，穿过一排碧瓦丹柱的仿古店铺，便进入了滕王阁园区，宽阔的阁前广场衬托着一座巍巍崇阔的滕王阁。这是根据建筑大师梁思成1942年所绘草图，并参照"天籁阁"所藏宋画《滕王阁》建筑而成。滕王阁主体建筑九层，净高57.5米，建筑面积1.5万平方米。下部是象征古城墙的约十一米高的大台座，台座之上取"明三暗七"格式，

滕王阁夜景

长江流域的千古胜迹

滕王阁

其两翼为对称的一级高台。主体建筑丹柱碧瓦，画栋飞檐，斗拱层叠，门窗剔透。贴金的"滕王阁"正匾是苏轼的墨迹，正门不锈钢长联"落霞与孤鹜齐飞，秋水共长天一色"为毛泽东手书。其余匾额、楹联，或集古人书法精华，或为当今名家珍品，各类大型壁画、浮雕，均体现"物华天宝""人杰地灵"的主题。

2. 黄鹤楼

今天我们看到的黄鹤楼，是 1984 年武汉市人民政府在黄鹤楼最后一次被烧毁（清光绪十年黄鹤楼因附近民房失火殃及而被毁掉）的一百周年之际重新修建的。它是一座钢筋混凝土仿木结构的建筑，高 51 米，仅次于滕王阁，明面上看为五层，实际上还有五个夹层，共为十层。因修建武汉长江大桥而从原来的黄鹄矶移到了蛇山的高观山上。黄鹤楼是现代武汉市的标志和象征。

黄鹤楼

黄鹤楼始建于三国时期东吴夺回荆州之后（公元 223 年）。最初建楼的目的是东吴为了防御蜀汉刘备的来犯，作为观察瞭望之用。历史上对于黄鹤楼有很多有趣的传说，其中流传最广的是，有一个姓辛的人家，在黄鹄矶上开了一个小酒馆，他心地善良，生意做得很好。一次酒家热情地招待了一个身着褴褛道袍的道士，并分文不收，而且一连几天都是如此。一天道士酒后用橘子皮在墙上画了一只黄鹤，而后两手一拍，墙上的黄鹤竟跳到桌旁翩翩起舞。道士对这个姓辛的酒家说，画只黄鹤替你们招揽生意，以报酒家的款待之情。从此以后，来此饮酒观鹤的人越来越多，一连十年酒店生意兴隆，顾客盈门。酒家也因此一天天地富裕起来。酒家为了感谢道士，用十年来赚下的银两在黄鹄矶上修建了一座楼阁，起初人们称之为"辛氏楼"。

黄鹤楼一角

后来，为了纪念道士和黄鹤改称"黄鹤楼"。

黄鹤楼在历史上就是文人墨客汇聚的场所，并留下很多不朽名篇。唐代诗人崔颢的七律《黄鹤楼》："昔人已乘黄鹤去，此地空余黄鹤楼。黄鹤一去不复返，白云千载空悠悠。晴川历历汉阳树，芳草萋萋鹦鹉洲。日暮相关何处是？烟波江上使人愁。"将黄鹤楼的地理、环境、传说和楼的雄姿，诉说得淋漓尽致，以至于唐代大诗人李白到此之后，想写诗赞颂黄鹤楼，因看到了崔颢的佳作，不得不发出"眼前有景道不得，崔颢题诗在上头"的感叹。历代登楼赋诗者很多，仅唐代就有崔颢、李白、王维、孟浩然、顾况、

黄鹤楼远眺

长江

韩愈、刘禹锡、白居易、杜牧等等。像李白所写的《黄鹤楼送孟浩然之广陵》："故人西辞黄鹤楼，烟花三月下扬州。孤帆远影碧空尽，惟见长江天际流。"全诗气势磅礴，情景交融，古往今来一直被人们所称道。

3. 岳阳楼

岳阳楼是古代岳阳城的西门楼，相传三国时鲁肃曾在此阅兵。唐朝开元四年（公元716年），中书令张说出任岳州刺史，经常与文人登楼作诗，岳阳楼更加有名。因岳阳楼在州署的南边，所以又称南楼。天宝以后，著名诗人到岳州任官、游玩时，不断题诗，李白有《与夏十二登岳阳楼》，韩愈有《岳阳楼别窦司直》，白居易有《题岳阳楼》。而杜甫的"昔闻洞庭水，今上岳阳楼。吴楚东南坼,乾坤日夜浮。亲朋无一字,老病有孤舟。戎马关山北,凭轩涕泗流"最为人们所熟知。

宋仁宗庆历五年（公元 1045 年），岳州知州滕子京重修岳阳楼，规模更加扩大，并且特别要求范仲淹写了一篇《岳阳楼记》，至今传诵。这篇记文，当时是请了大书法家苏舜钦题写，大篆刻家邵竦篆额，与滕子京修楼，范仲淹作记，称为"四绝"。

岳阳楼最上一层，竖着一位神仙的木雕像，他的两旁有两个木雕的侍立童子——桃、柳二仙。这位神仙就是八仙之一的吕洞宾。吕洞宾是唐朝人，中过进士，当过县令。相

岳阳楼一景

传他去考进士时，没有录取，就去庐山游玩，
遇到一位异人，传授给他剑术，又得到长生
不老的秘诀，就不再上京赶考。他经常在洞
庭湖流域游玩，或在市面上出卖纸墨，但俗
人都不认识他。相传宋朝滕子京任岳州知州

时，有一天，一位道人拿名帖请见，上面写着"回岩客"，自称华州回道士，风骨异常清秀。滕子京知道他是异人，设酒款待，高谈阔论，还暗中让画工画了他的画像，并且赠他一首诗。第二天再去找他，就找不着了。又一天，吕洞宾经过岳阳，在城南古松树下休息。一会儿，有一个老者从树上下来，向他作揖，请他指点，吕洞宾就送他丹药一颗，并在附近墙壁上题诗一首："独自行来独自坐，无限世人不识我，唯有城南老树精，分明知道神仙过。"后人在那里建了一座过仙亭。岳阳楼上有一副对联，很是应景："吕道人太无聊，八百里洞庭，飞过去，飞过来，一个神仙谁在眼？范秀才亦多事，数十年光景，什么先，什么后，万家忧乐独关心。"

江面的帆船

现存的岳阳楼为清朝光绪六年（公元1880年）按原样重修，基本保留了宋代建筑的艺术风格。主楼为三层三檐台阁建筑，纯木结构，平面呈长方形，宽17.24米，深14.54米，高19.72米，气势雄伟，建筑精湛。主楼右面有"三醉亭"，相传吕洞宾三醉于岳阳楼而得名。今天，岳阳楼仍是观赏洞庭湖景的最佳之选：晴天时，登楼西望，

长江流域的千古胜迹

从岳阳楼远望长江

岳阳楼一景

洞庭金波，君山秀色，十分迷人；渔船争渡，百鸟回翔，令人心旷神怡！阴雨天，则闻凄风怒号，满目浊浪排空，山岳潜形，商旅不行，洞庭湖又露出了使人敬畏的面貌。

长江

三、长江流域的先秦文明

云南省境内长江第一湾

长江流域与黄河流域一样，也是中华文明的发祥地之一，先人们活动的足迹遍布长江流域各地，不仅是世界古人类的重要发源地之一，还是新石器文明以及巴蜀文化、荆楚文化、吴越文化的发祥地。

（一）长江流域的古人类

很难想象，许多中国重要的古人类都是产生在长江流域，许多还是产生于长江上游的高山深谷间。所以有的学者研究认为人类不仅起源于非洲，亚洲高原也成为人类的一个重要起源地。中国境内的早期人类是由长江上游的云贵高原向长江中下游和黄河流域扩散迁移而来的。这样，长江上游应为中国古人类的发源地。

1965-1975 年，中国学者就在长江上游的云南元谋县上那蚌村发现了距今 170 万年的猿人门齿化石，同时发现元谋人能制造工具，并能使用火。从此以后中国历史教科书中都以元谋猿人为最早的古人类。元谋一带处于金沙江干热河谷，年均气温十分高，降雨稀少，植被状况不好，但在地质历史上曾是气候温暖湿润而植被相对茂盛的地区。

巫峡两岸群山如屏，奇峰突兀，怪石嶙峋

长江流域的先秦文明

巫峡多雾，烟云氤氲缭绕，故有雾峡之称
巫峡岸边层峦叠嶂，气势如虹

1986 年，黄万波先生等在今重庆市巫山县大庙龙坪村龙骨坡发现了距今 204 万年的古人类右上侧齿及一段下颌骨化石，成为至今中国发现的年代最早的古人类化石，证明长江上游确实是古代人类的一个重要发祥地。

（二）长江流域新石器文明

人类走到新石器时代，除了狩猎采集外，开始有了农业种植和制陶工艺，出现了处于萌芽状态的早期艺术，在这一点上长江流域一点也不落后于黄河流域。

考古学家们研究表明，长江流域典型的

瞿塘峡以雄伟著称，两岸断崖壁立，风光奇绝

新石器文化类型有长江上游的大溪文化，长江中游的屈家岭文化，长江下游的河姆渡文化、马家浜文化、良渚文化和青莲岗文化，这些文化展现了六七千年来长江流域的先民在长江母亲的滋润下劳作生息的艰辛历程。

长江上游的大溪文化遗址，位于长江三峡瞿塘峡东口大溪河入江处的南岸坡地

长江流域的先秦文明

上，这是一处并不十分宽绰的斜坡台地，由于泥沙的堆积，使今天的河道比历史上更高一些，也就是说那时大溪附近的先民更远离长江一点。在大溪文化遗址中发现了大量的人类骨骼、石制和骨制工具、陶器等，同时还发现了半地穴和地穴式编竹夹泥墙遗迹，说明距今六千年左右的大溪人已经开始从事水稻生产、捕鱼和家畜饲养。大溪文化成为长江上中游一个最重要的新石器文化类型。

从 1954 年开始，考古工作者在湖北京山县屈家岭发现了距今五千年左右的新石器文化遗址，有大量石制工具、陶器，说明当

大溪文化彩陶罐

地居民主要从事水稻生产，渔猎和家畜饲养地位十分重要，同时已经会纺纱纺线，居住则是以一种地面式的泥墙多室建筑为主。屈家岭文化是湖北江汉平原的一种典型文化，为一种平原类型的新石器文化。

从 1973 年开始，考古工作者在浙江余姚河姆渡发现了距今 7000—5000 年左右的新石器文化遗址，出土了大量的石制、骨制和木制工具，说明当时农业生产的水平已经较高，人们从事水稻种植、渔猎生产，采集业仍是一个重要的生产部门，有一种典型的"干栏式"建筑，出土了水井和大量工艺品，这

河姆渡文物

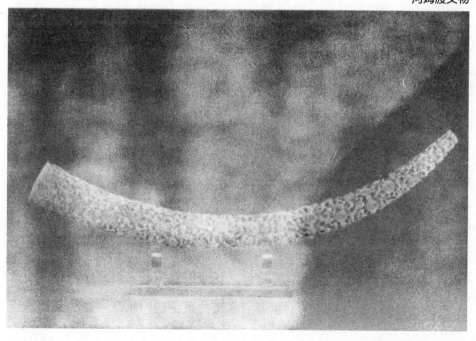

长江流域的先秦文明

新石器文物

都说明河姆渡文化已经有较高的水平。

　　中国新石器文化遗址满天星斗的分布与新石器文化出现和发展的气候环境有关。距今8000-5000年，中国与世界其他地区一样，处于十分温暖湿润的时期，这种气候环境，特别有利于人类文化的发展。新石器文化在产业特点上说是一种农业种植文化，气候的温暖湿润有利于农作物的培育、生长和人类长期的劳作。长江流域在地理环境上还存在一定差异，这就使上中下游在文化上存在一些差异。长江下游的新石器文化遗址与海洋和湖沼水文关系密切，长江中游的文化遗址也与江河水文变化关系密切，而长江上游的新石器文化与地形地貌关系密切。

（三）长江上游巴蜀文化

三星堆文物

殷商时期的甲骨文中还没有见到长江上游有关巴蜀的记载。传说中，蜀的最早统治者是蚕丛氏，"始居岷山石室中"，说明蚕丛氏主要活动区域在今四川茂汶一带。此后，柏灌、鱼凫先后任蜀王，活动地点大致在今灌县、彭县、温江一带。李白在《蜀道难》一诗中认为"蚕丛及鱼凫，开国何茫然"，说明当时对古巴蜀文化的认识是相当困难的。1986 年，三星堆两个器物坑中出土的铜器，制作之精美，比起商、周中原地区同类器物毫不逊色。有的学者根据三星堆古文化内涵，认为这里是古代鱼凫国的都城。三星堆的房屋遗址和出土文物反映出当时居民已过着密集定居的生活，并从事农业生产。出土的大量酒器，说明农业已经相当发达，能有一定的粮食来酿酒了。遗址出土的网坠，说明还残存着渔猎活动。铜器、金器、玉器非常精美，说明当时手工业已经相当发达。出土器物中还有石雕奴隶像，说明蜀地早已经进入阶级社会。

金沙江水日夜流逝，却留下了峥嵘岁月里的故事

先秦史籍中对巴蜀已经有所反映，如《尚书》中记载，跟随周武王伐纣的西土八国中就有"蜀"，也有的学者认为《尚书》中记载的"彭"就是"巴"。此后，《山海经》中也多次提到"巴""巴国""巴人"等。古代的"巴"不止一国，古代的巴人也不是出自一源。周成王、周夷王时，蜀人多次向周室朝贡。

公元前7世纪时，荆人鳖灵建立开明王朝，直到公元前316年才被秦所灭。开明王朝是先秦时期蜀国势力最强盛的阶段，它不仅统治着成都平原，同时还控制着整个巴蜀地区。相传鳖灵死后，其尸不见踪影，荆人

金沙江

到处找不到。原来鳖灵的尸体逆水而上，到了郫县岷江边，又活过来了。他去见蜀国的统治者望帝，被封为相。这时，玉山一带发大洪水，望帝不能治理，就派鳖灵前去治理。鳖灵决战玉山，人民得到安定。此后，望帝就禅让给鳖灵，鳖灵即位后称开明帝。从这个传说看，鳖灵是古代蜀地的大禹。而望帝退位后，隐藏于川西大山中，死后变成了子鹃鸟，因望帝叫杜宇，故有杜鹃鸟之称。

开明王朝先后以今天的乐山、郫县、双流县中兴镇等地为国度，最后迁至成都。开明王朝强盛时，北边与秦国作战，势力

江流穿梭在崇山峻岭之间

达到汉中盆地；东边与楚国相争，夺取了位于今湖北松滋的兹方。巴蜀地区的许多小国逐渐被开明王朝控制。大约在公元前 4 世纪前半叶，开明王朝到九世开明之时，进入了一个新的阶段。秦灭开明后，设立巴、蜀二郡，后又设置汉中郡。但是开明王室称王，立宗庙，国家机器逐步健全，礼乐制度日趋完备，形成了自己的文字，形成了具有自己特色的巴蜀文化。

（四）长江中游荆楚文化

传说中的华夏民族老祖宗之一——炎帝就诞生在长江中游。炎帝姓姜，号神农氏、烈山氏、厉山氏，出生在今天湖北随州市厉山镇。他既是太阳神，又是农业神、医药神。炎帝首先教会人们播种五谷。他看到人们经常生病，于是用一种名为"赭鞭"的神鞭来鞭打各种各样的草，可以知道那是毒草还是药草，药草是寒性还是热性。传说他最多时一天遇到毒草 70 次。由于神农氏经常在长江中游、湖北省西部的大巴山区采药，因峰高壁陡，需要伐木搭架，人才能攀到山上，故称神农架。

在嶙峋怪石的映衬下，怒江显得更加汹涌

楚是较早地活动在长江中游一带的都落，是祝融氏的后裔。在商末周初，祝融部落后裔西迁至丹水与淅水一带，在首领鬻熊的带领下，脱离日益腐朽的商朝，归附正在兴起的周。至鬻熊四世孙熊绎时，被周成王封在楚蛮之地。至此，才有了一个很小的楚国。周夷王时，熊渠趁周王室衰落，征讨蛮夷，先后兼并了西南的濮巴和东南的扬越。楚武王时又灭了权、州、蓼等国，楚文王时吞并了邓、申、息等国。经过多年征战，到楚成王时，已是地方千里。楚国的手工艺水平也很高，大约在春秋中晚期之际，铜器生产已经位于列国之首了。到了楚庄王时，国力已是相当强大。

长江流域的先秦文明

吴届祖先从黄河流域迁来

传到昭王时，因与长江下游的吴国长期交战，国力不再增强。楚昭王八传到怀王时，掌权者争权夺利，慢慢走向衰弱。此时，北方的秦国已经强大，开始不断侵略楚国，并且用计谋将楚怀王骗到秦国。楚怀王客死秦国后，顷襄王即位，此时已回天无力。顷襄王十一年（公元前 288 年），秦将白起攻破郢都。六十多年后，也就是在公元前 223 年，秦灭楚。

（五）长江下游吴越文化

居住于长江下游的主要是吴越两大部落，他们都是古老的百越族的后代。吴或称句吴，其祖先生活在今天江苏和安徽的南部、浙江北部一带；越或称于越，亦称大越、内越，最早生活在今浙江北部和太湖流域，在史书《春秋》中已有记载。

吴的开国祖先是从黄河流域迁来的周太王长子泰伯。周太王是周文王的祖父，喜欢小儿子季历，而周王朝实行的是长子继承制，理应由长子泰伯即位。泰伯为避免王室权力之争，三让王位，最后托言采药，与弟弟仲雍一同来到江南，定居在今江苏无锡梅里。他们入乡随俗，断发文身，与当地的土著句吴族打成一片，归附者千余家。立国后自号"句

吴"，并且在梅里建城，名曰吴城，又名泰伯城，人民都在城内耕田。由于泰伯等人带来了中原地区先进的耕作技术，促进了吴地农业的发展，"数年之间，民人殷富"。

泰伯之后，历经二十四传，到吴王寿梦时，吴国才逐渐强大起来，开始称王。到吴王阖闾时，在今苏州木渎一带筑城，为了表明自己谋求霸业、不做消极防守的态度，在城门的设置和命名上下了许多功夫。越在吴之南，属蛇位，于是就在城南立蛇门，

从山间飞流直下的瀑布在怒江随处可见

大门上有木蛇北向首内，表示越要对吴臣服；楚在吴之西北，于是建了一个阊门，又名破楚门；另有齐门，则是针对北方的齐国的。阖闾为了加强军事力量，听从伍子胥的建议，请齐人孙武负责"选练士，习战斗"，甚至连后宫中的王妃也受训。同时大造战船、刀剑，逐步使吴国兵库充盈，兵将精良，所以

后来能西败荆楚、北迫齐、晋。由于连年用兵，国力削弱，与周边各国关系也不融洽，虽然一度以重兵争得霸主之位，此后时每况愈下，最后夫差身处逆境，自刎身亡，称雄一时的吴国被宿敌越国消灭。

　　早期越人的活动范围，大概是南到今浙江诸暨，北到嘉兴，东到宁波，西到太湖。于越在百越中发展得比较早，文化程度也比较高。相传，舜因避尧之子朱丹之乱，南下会稽（今浙江绍兴），在此耕耘、游憩，舜的七个儿子分别封在余姚、上虞等地。会稽

大禹治水雕塑

山上就留有传说中的虞舜巡狩台。到了大禹治水时，他来到洪水泛滥的今绍兴地区，凿山疏流，将水引入东海，使这片浅海沼泽之地重新成为平原。相传大禹在绍兴娶涂山氏为妻，新婚才四天，便离家治水。此后治水十三年，三次路过家门而不入。因此，大禹对越的影响很大，成为越人的祖先。至今，绍兴大禹陵前仍是游客不绝。

吴越本属一个族源，但是为了各自的利益而相互仇视征战。春秋时，晋楚两个大国为了各自的利益需要，都想吞并长江下游这片沃土。于是楚国拉拢越国，晋国与吴国结盟，不断地挑动两国互斗，使吴越两国更加仇视，终于爆发了激烈的吴越之争。越国先是被吴国打败，越王勾践被俘后屈节侍奉吴王。返国后，勾践卧薪尝胆，最后终于打败吴国。越灭吴后，与齐、晋会于今天的山东滕南县，周王室派使臣封勾践为"伯"，越国成为春秋末年最后一位霸主。此后，雄心勃勃的勾践想北上称霸，曾迁都琅琊（今山东胶南市西南一带）。勾践死后半个世纪，越国不断发生内乱，国势日衰，国都也从琅琊迁回。公元前333年后，楚军大败越国，越王无疆被杀，越沦为楚的属国。

四、长江流域的民俗文化

（一）美食文化

古人言，食色性也。长江流域饮食文化近两千来在中国居领导潮流的地位，尤以其中的几大菜系独具特色。

长江流域自然条件对于人类生息总体上是十分优越的，生物资源多样性十分明显，所谓"衣食不期而至"，人类的基本生存条件十分容易满足，有更多的时间研究饮食文化。尤其是唐宋以来，随着长江流域的经济地位上升，人口大增，经济实力为饮食文化的发展创造了条件，长江流域饮食文化之深厚远胜于北方地区。明清时期，随着移民运动的进行，各地移民的饮食文化在长江流域

坐落在山脚下的村落，古朴静谧，仿佛世外桃源

长江

来了一个大杂烩，而且随着境外的饮食用料进入中国长江流域，特别是辣椒在长江中上游的生根，为长江流域的饮食文化的发展奠定了基础，近代中国的菜系也是在此基础上发展而来的。

今天中国的鲁、川、粤、苏、闽、浙、湘、徽八大菜系，其中川、苏、浙、湘、徽五大菜系都在长江流域，可以想见长江饮食文化的魅力。

湖南菜依托湘江丘陵、洞庭湖平原、湘西山地，形成了三种流派的特色风味。湖南菜的特色在于依托多种地形的自然资源，野味、腊味、辣味三味并行，其中吃辣的水平是中国其他地区无法望其项背的。湘江流

徽菜海棠酥

域菜以长沙、衡阳、湘潭为中心，是湖南菜的主要代表，主要以油重味辣，煨、炖、炒、蒸为主，腊味菜在菜品中比例较大，代表菜有海参盆蒸、腊味合蒸、走油豆豉扣肉、麻辣子鸡等。而湘西菜多以山区野味为原料，同时烟熏的各种腊肉，与城市的腊肉风味不同，口味以酸辣著称，如红烧酸辣、板栗烧菜心、湘西酸肉、炒血鸭等。洞庭湖区鱼类资源丰富，以烹制各种河鲜、家畜、家禽著称，口味咸辣香软，其中火锅炖菜特别多，著名的菜有洞庭金龟、网油叉烧洞庭桂鱼、蝴蝶飘海等。

安徽菜地跨长江南北，北过淮河，地貌多样，形成了皖南、沿江和沿淮三大体系，但以皖南菜为代表。皖南菜以烹饪山珍海味见长，擅长炖、烧，以保持食物的原汁原味，而沿江菜则以芜湖、安庆为代表，长于烹制河鲜、家禽，用糖比例相对较大，烟熏技术一流。沿淮菜则处于南北交界之处，有北方菜系咸味较重的特点。

江苏菜所依托的地理环境较复杂，其东临海滨，境内运河南北纵横、湖泊较多，"苏湖熟，天下足"，素有江南鱼米之乡的称法，饮食文化发达。江苏菜可分成淮扬、金陵、苏锡、徐海四大流派。其中淮扬菜是苏菜的代表，以扬州与淮安一线为区域，江河鱼类丰富，口味清淡，做工精细，镇江三鱼（醋鱼、刀鲸、鲴鱼）闻名天下。金陵风味则融江南八方自成一体，发明了许多影响较大的菜品，如松鼠鱼、蛋烧卖、美人肝、凤尾虾四大名菜，成为南京饮食的一道文化品牌，同时还有盐水鸭、鸭血肠等。苏锡菜原以咸甜兼蓄为特点，显现浓油赤酱。近代苏锡菜受淮扬菜的影响向清淡发展。著名的菜有松鼠鳜鱼、碧螺虾、鸡茸蛋、常熟叫花鸡等。徐海菜受北方菜，特别是鲁菜的影响明显，以鲜咸口味为特色，菜品淳朴。总的来看，江苏菜以

无锡特色菜——镜箱豆腐

寻求本味、口味清淡、注重刀工、火候为特色。

浙江面临东海，北部平原水道纵横，南部是丘陵山地，有海味与山珍并存的饮食资源，历史上形成杭州、宁波、绍兴三大流派。其中以杭州菜影响较大，杭州菜做工精细，用料考究，以爆、炒、烩、炸为主；宁波菜则以蒸、炖、烤为主，求原汁原味而鲜嫩软滑；绍兴菜则以河鲜为主，以鲜浓香酥为特色。总体上杭州菜讲求用料，酒、葱、姜、糖、醋等皆可入菜，做工精细，文化底蕴强，代表菜有西湖醋鱼、东坡肉、干炸响铃、雪菜黄鱼、清汤越鸡、叫花鸡、井虾仁等。

四川菜历史悠久，由于四川地形地貌复

杭州菜

长江

四川凉面

杂多样，物产也多种多样，饮食自然背景相差较大，造就了四川菜品味独特而流派众多的特色。一般认为近代四川菜分成都、重庆、大河、小河、自内五大流派。但现在各自的特色并不十分鲜明。成都菜一般做工精细，用料讲究，长于麻味的烹饪，小吃较多，菜品文化底蕴浓，而重庆菜由于陪都汇集八方风味，与川菜融合，创新能力强，特点是用料凶猛，大刀阔斧，江湖菜多，以火锅见长。其他大河味以江津、合江、泸州、宜宾、乐山菜品为主，主要以烹制江菜为主，用料较粗野，味觉厚重，生辣与酸甜结合。小河味主要指嘉陵江流域的绵阳、遂宁、南充、广元、

川菜

达川、巴中等地菜品，长于传统菜，民间江湖菜影响也较大。自内味主要指自贡、内江、威远、资中、资阳等地，有一定的特色。川菜总体上以麻辣鲜香为特色，以味多、味广、味厚、油重为特色，百菜百味，长于中庸收敛，尤以炒、煎、烧、煸方式见长。著名的川菜以回锅肉、鱼香肉丝、麻婆豆腐、夫妻肺片、宫爆肉丁、水煮牛肉、蒜泥白肉、合川肉片、江津肉片等为代表，重庆毛肚火锅名气十分大，江湖菜也是新潮不断。

今天八大菜系中在中国和世界影响最大的要属川菜、粤菜和湘菜，尤以川菜和湘菜的发展趋势最猛，民间普及率最高。全国各地城乡几乎普遍受到川菜和湘菜的冲击，长江流域的饮食文化成为中国饮食文化的主流。

（二）民风与风土

我们所说的"民风"，主要是指针对一个地区个性特征的总体描述，这种"风"往往是一个区域文化特征的体现。长江流域在先秦时期被视作蛮夷之地，但是随着汉文化的深入，长江流域逐渐被纳入中原文化的大范围之中。由于地理背景和文化传统等因素，

各地人文特色鲜明。

　　就长江流域来看，历史上记载的"苏州状元""绍兴刀笔""江西剃头师""句容剔脚匠""徽州朝奉""扬州瘦马""扬州尚书"等等都是人文风土特色显现出的代表人群。

　　明清以来，长江流域的风土更表现出商业经济和发达文化结合的区域特色。以扬州为例，明清扬州的发达得益于大运河与长江汇合口的地理位置，淮盐的转运中心，历史上记载的"维扬之盐""香山之番舶""广陵之姬"等都与此有关。而"扬州三把刀"的厨师、理发师、剔脚匠显现出了服务行业的发达。明清扬州进士数也居前列，文化教育

徽商古村

也因此发达，而所谓"苏州出状元，扬州出尚书"，显现了在经济发达的同时文化教育的繁荣。

在长江流域，江西的经济发展水平历史上并不算高，但文化上一度发展很好，特色也很鲜明。明代江西的进士十分多，有"吉水山高进士多"之称。江西人在历史上有好讼的传统，而江西人在明清以来以长于开拓经商获利在全国著称，有所谓"无江西不成买卖"之说。不过，江西人经商以小商小贩居多，形成木匠、剃头师等有影响但又难以巨富的产业。说起经商，不得不提徽商和温州商人。徽商主要以盐商、木商、茶商、典当商等出名,"徽州盐商""无徽不成典""婺源木商"成为一方商业形象代表。同时徽商主要活动的地区是以江南地区为主,以杭州、扬州、苏州等经济发达地区为主,在明清时期,"徽商遍天下""无徽不成商"等民谚广泛流传,所以在全国许多地方都有徽商留下的影响。而"徽式新屋"也风行一时,不仅在江南地区十分流行,而且对长江上游和贵州云南等地建筑也有一定的影响。另外得说一下浙江商人。据研究表明,明清时期,徽商、苏州洞庭商人、浙江龙游商人在江南地区影响都十分大,故有"钻天龙游遍地徽州"之

徽派建筑

雪后绍兴

称。近代以来宁波商人更是名声在外。改革开放后，浙江温州商人在商业方面展露才华，以其吃苦精神遍游中国南北，近年来更以"温州商品""温州模式""温州炒房团"等名声大振。

同时，由于发达文化与发达商业的结合，绍兴一带出现了"绍兴师爷"现象。所谓"绍兴师爷"是指清代绍兴文化人多外出为官府幕僚，形成一股势力，影响十分大。这些从事幕僚的人多是年事已高久居官场的老吏，精于谋算，长于刀笔，故有"绍兴刀笔"之称，有所谓"无绍不成衙，无湘不成军"。由于这个因素，使绍兴酒、绍兴方言在许多地方流行甚广。说到这里，不得不提到荆楚文化。荆楚地区的士人自始至终过得十分逍遥，无拘无束，形成江汉好游的风俗。明清以来长江中游的湖南、湖北地位已远非汉唐宋元时的地位所比，"湖广熟，天下足"显现出来的经济地位和城市发展，使湖南、湖北的文化在全国的影响加大。清代以来湘军以善战著称，这一点倒有楚人犷悍尚武的传统。"湖南人尤多以军功而胙茅土于四方"，湖南军官穿的长马褂，广泛流传，被称为"湖南褂"。近代湖南、湖北以出政治军事人才著称于世，也正是这种文化的延续。其实近代由于张之洞等人对新学新风的推崇，随着长江中游政治经济文化中心从荆襄东南向夏口一带迁移，武汉、长沙等地近代文化地位影响很大，特别是开埠以来，汉口的文化和影响加大，商业的发达，将"天上九头鸟，地下湖北佬"的民谣演绎得更加生动。传承此风，以至汉口汉正街在改革开放初期曾成为中国改革开放的亮点之一。

近代以来，上海成为中国乃至远东的经济金融文化中心，也是远东最有影响的娱乐中心。上海文化是在西方文化与江南文化融合，兼收并蓄全国大量移民文化的基础上形成的，呈现为西式洋气与小商业结合、商业

上海风光

长江流域的民俗文化

怒族人的交通工具——溜索

精明与时尚文化结合。上海由于在全国独有的地位，在近代形成了一种上海人的文化认同，一种文化优越感。在改革开放以前，上海的地位更是全国独特，"上海制造"代表了中国的最高水平。改革开放以后，随着广东、福建等地区的经济发展，一度使上海文化相对下降，但是随着近几年的努力，上海已成为全国的金融中心。

（三）民族与文化

长江上游许多地区明清以来仍是少数民族聚居区，长江上游的区域文化往往带有少数民族的传统与特色。

长江上游是一个南北民族大走廊，历史上氐羌系统民族沿长江上游南下，而百越系统民族和苗瑶系统民族更是纷纷西进，使长江上游成为我国一个重要的民族聚居区，羌族、彝族、纳西族、土家族等民族都是主要在长江流域生存的。

彝族古代为"昆明""嶲"，汉晋时期称为"叟"，南朝为"爨"，唐宋时为"乌蛮"，元明清称"罗罗"。今天全国有彝族人口四百八十多万，主要分布在今天的四川、云南、贵州、广西等省区，是一个称谓众多的民族。

藏族服饰很有特色

历史上彝族形成白彝和黑彝，其中黑彝为彝族的主体部分。彝族有自己的语言，但25%为汉语借词，显现出汉彝两族在历史上的融合关系。彝族服饰"擦尔瓦"成为典型的披毡样式；流行火葬；巫师"毕摩文化"很有特色；彝族的火把节影响也较大；彝族聚居的楚雄是中国铜鼓文化的发源地。

今天川西康藏地区的藏族自称康巴，藏族学术界一般认为源于西北的古代羌人，与"发羌""唐羌"有渊源关系。这些"发羌""唐羌"之民后来西南迁到青藏高原地区，成为现在藏族的先民。藏族服饰很有特色，肥腰、长袖、大襟，女性的"帮垫"特色鲜明。饮食上藏族的酥油茶也很有特色。藏族实行火葬和天葬，

羌族女子

其中以天葬特色最为鲜明。

羌族是一个古老的民族，远古时期主要居住在我国西北甘青地区。学术界有人认为，古代羌人向西南迁移形成藏族，向南迁移形成今天西南其他氐羌系统民族。可能迁到今天岷江上游地区的一批保留原始羌人文化最多，形成今天的羌族。羌族今有人口八万多，语言为汉藏语系藏缅语族，但已经没有文字，文化上汉化相对彝族更多一些，但羌式碉房、碉楼影响很大。

长江中上游还有土家族，一般认为土家族的族源来自古代的巴人。今天土家族自称"毕滋卡"，主要分布在重庆、湖南、湖北、贵州等地，人口五百七十万左右。在长江上游的众多少数民族中，土家族是一个汉化比较严重的民族，这主要是其居住的地理位置离汉族中心区更接近的缘故。在文化上土家族的白虎崇拜、土家歌舞有一定的影响。

土家族女子

长江从源头，经六千三百多千米，跨越 11 个省区，支流跨 8 个省区，流域涵盖 19 个省市区，流经地域人口约 5 亿，经过高原、盆地、山地、平原，30 多个民族靠长江水养育。这自然会形成不同的民族文化风格，但长江水的一体性也影响到长江流域各个民族对长江文化风土的整体认同。

（四）码头文化

由于长江流域特殊的地理风貌，使长江上的码头风情很有特色。长江流域地貌多种多样，特别是在早期，上游人口相对稀少，城镇经济并不太发达，码头往往就成为一个城镇商品贸易最发达的地区，往往是商家云集、八方杂处。

古代长江上的城镇一般是城门面江，下临街堤直通江面，江面上趸船边木帆船桅杆林立，遮蔽大片江面，通往码头的石梯两边往往草蓬相连，商人在内叫卖不断。码头人头攒动，力夫、客人、商贩等往来穿梭。

长江流域的民俗文化

热闹的朝天门码头反映了重庆经济的繁荣昌盛

过去木船航行时间长，而且风险大，生死往往一瞬间，船工和商人们的生理和心理都强烈需要情感的补充，所以沿江码头往往是妓院、烟馆、戏院、赌场最多的地方。奉节旧时为夔州府治，是出入四川的咽喉之地，经济军事地位非常重要，码头热闹非凡，各种船舶云集。一到了晚上，到处都是灯红酒绿，卖艺人到处都是（在夔州当时叫"唱灯儿"），一时笙歌在江面回荡。南京的秦淮河在古代更是出名。史书上有名的"十里秦淮"在东晋以来就成为粉黛佳丽、南曲靡靡的代名词。

其实这些都是码头文化的真实体现。

　　长江中下游的码头上，由于地势平坦，各种畜力运输机械与人力搬运都存在，但在长江上游，由于坡度较大，人力搬运成为其最大的特色。现代重庆码头的棒棒、万州的扁担都是这种码头文化的具体遗存。

　　长江风土千差万别，繁杂多样，江南显现温柔景色，风花雪月，江南人精明尚文，富商和文人辈出。江汉人则尚鬼信巫，历史上往往在文气与尚武之间交替起伏，精

重庆风光

长江流域的民俗文化

狭窄的崖边栈道犹如一条腰带镶嵌在葱翠的山体上

明与尚武往往交融在一起。巴蜀人幽默乐观，休闲喜游，不拘礼教，文采四溢。

长江文化的一体性体现为比黄河文化更有强烈的"水"性，更富柔情，有着更精细文化元素的滋生，而缺少了黄河流域的刚性和粗犷。长江虽然有高山大川，但往往被一片绿色所笼罩，掩饰了山谷的粗野。虽然有急流成灾，但也只是与宽阔的长江增加对比。虽然历史上有巴蔓子的刚武、湘军的勇猛，但长江流域历史上很少能成为一个统一王朝根据地。长江上的英雄们的铁胆钢心不是被江南的风花雪月和沉鱼落雁消磨，就是被巴蜀富庶的温馨所融化，那一个个冲动的英雄梦多被长江的春色风光和灯红酒绿所打断，而一个个政治的愿望也往往被寄托在春光秀色之中。

面对千古长江，我们看到长江流域社会经济文化的整体发展，看到长江流域伴随着自然的长江走向现代化，看到长江流域秉承着传统文化实现现代化。天地生人，这是人类发展的永恒主题，也是几千年来长江文化留给我们的思索。"路漫漫其修远兮，吾将上下而求索。"